Chris Hohlstamm von Dehnen zu Wendhausen

DER GELDFLUSS-€ODE

ÜBERWINDE LIMITIERENDE GLAUBENSSÄTZE UND ERLEBE DIE NATÜRLICHE ANZIEHUNG VON GLÜCK UND WOHLSTAND!

Impressum

© 2024 Chris Hohlstamm von Dehnen zu Wendhausen

Bibliografische Information der Deutschen Nationalbibliothek:
Die Deutsche Nationalbibliothek verzeichnet diese Publikation in der Deutschen Nationalbibliografie; detaillierte bibliografische Daten sind im Internet über http://dnb.dnb.de abrufbar.

Copyright © Mein Lebensfreudeverlag / Chris Hohlstamm von Dehnen zu Wendhausen – Alle Rechte vorbehalten.
Ausgabe: 1. Auflage Januar 2025

Lektorat: Dr.-Ing. B. Grabe
Korrektorat: Dr.-Ing. B. Grabe, Mein Lebensfreudeverlag
Verlag: BoD · Books on Demand GmbH, In de Tarpen 42, 22848 Norderstedt
Druck: Libri Plureos GmbH, Friedensallee 273, 22763 Hamburg
ISBN: 978-3-7693-1707-7

MIX
Papier aus verantwortungsvollen Quellen
Paper from responsible sources
FSC® C105338

Inhaltsverzeichnis

Einleitung

Dein Schlüssel zu einem Leben in Fülle

Stell dir vor, du wachst jeden Morgen mit einem Gefühl von Freiheit, Freude und Zuversicht auf. Du weißt, dass dein Leben in Harmonie fließt und alle Ressourcen, die du brauchst, auf dich zukommen – sei es Geld, Zeit oder die Unterstützung, die du dir wünschst. Diese Vorstellung ist nicht nur ein Traum. Sie kann zu deiner Realität werden, wenn du lernst, deinen persönlichen Geldfluss-Code zu entschlüsseln.

Dieses Buch soll dir nicht nur helfen, finanzielle Freiheit zu erreichen, sondern auch ein tiefes Verständnis für die Beziehung zwischen dir und der Fülle des Lebens zu entwickeln. Es ist ein Leitfaden, um deine innere Kraft zu aktivieren und dein Denken, Fühlen und Handeln auf Wohlstand und Glück auszurichten.

Warum dieses Buch anders ist

Vielleicht hast du schon viele Bücher über Wohlstand, Erfolg oder Glück gelesen, doch etwas scheint bisher gefehlt zu haben. Der Schlüssel zu wahrem Reichtum liegt nicht nur in Strategien oder äußeren Maßnahmen – er beginnt in deinem Inneren. Dieses Buch verbindet die praktische

Welt der finanziellen Freiheit mit den kraftvollen Prinzipien der Persönlichkeitsentwicklung und Spiritualität.

Es geht nicht nur um Geld, sondern um die Harmonie zwischen finanzieller Sicherheit, innerer Erfüllung und einem Leben in Balance. Die Idee des „Geldfluss-Codes" basiert darauf, dass jeder Mensch die Fähigkeit hat, Fülle in sein Leben zu ziehen – wenn er oder sie bereit ist, alte Blockaden loszulassen und neue Wege zu gehen.

Die Mythen des Wohlstands entlarven

Bevor wir tief in das Konzept des Geldfluss-Codes eintauchen, ist es wichtig, mit einigen gängigen Missverständnissen aufzuräumen. Viele Menschen glauben, dass Wohlstand:

- Nur durch harte Arbeit und ständige Anstrengung entsteht.
- Ein Privileg ist, das nur wenigen vorbehalten ist.
- Automatisch Glück und Erfüllung bringt.

Diese Überzeugungen halten dich davon ab, die Fülle zu empfangen, die dir bereits zur Verfügung steht. Die Wahrheit ist: Wohlstand beginnt in deinem Kopf. Es ist die Kombination aus deinen Überzeugungen, deiner Energie und deinen Handlungen, die bestimmt, wie viel Fülle du in dein Leben ziehen kannst.

Dein Geldfluss-Code: Ein Schlüssel, viele Türen

Der Geldfluss-Code ist eine Art „energetisches Betriebssystem", das dir hilft, deine Beziehung zu Geld und Fülle zu transformieren. Es geht darum, den Fluss der Energie zu verstehen – denn Geld ist nichts anderes als Energie. Wenn du diese Energie bewusst lenkst, öffnest du die Türen zu unbegrenzten Möglichkeiten.

Dieses Buch wird dir zeigen:

- Wie du deine Gedanken und Emotionen so ausrichtest, dass sie Wohlstand anziehen.

- Wie du die Blockaden erkennst und auflöst, die deinen Geldfluss bisher gestoppt haben.

- Wie du praktische Strategien mit spirituellen Prinzipien kombinierst, um nachhaltige finanzielle Freiheit zu schaffen.

Warum Geld und Glück zusammengehören

Manchmal hören wir, dass „Geld allein nicht glücklich macht". Das mag stimmen, aber Geld kann dir die Freiheit geben, das zu tun, was dich wirklich erfüllt. Es ist ein Werkzeug, das dir ermöglicht, deine Träume zu verwirklichen, anderen zu helfen und ein Leben voller Freude zu führen.

Dieses Buch möchte dich ermutigen, Geld nicht als Last oder Quelle von Stress zu sehen, sondern als natürliche Ressource, die in Fülle vorhanden ist – bereit, in dein Leben zu fließen.

Eine Reise zu dir selbst

Der Weg, deinen Geldfluss-Code zu entschlüsseln, ist auch eine Reise zu dir selbst. Du wirst erkennen, wie deine inneren Überzeugungen, Erfahrungen und Emotionen deine äußere Realität prägen. Dieses Bewusstsein ist der erste Schritt, um Veränderungen zu schaffen.

Wir werden uns mit Fragen beschäftigen wie:

- Was denkst und fühlst du über Geld?

- Wie beeinflusst deine Vergangenheit deine finanzielle Realität?

- Was hält dich wirklich davon ab, die Fülle zu empfangen, die du dir wünschst?

Die Antworten auf diese Fragen werden dich überraschen und dir neue Perspektiven eröffnen.

Was du in diesem Buch findest

Dieses Buch ist in praktische, leicht anwendbare Kapitel unterteilt, die dich Schritt für Schritt durch den Prozess führen, deinen Geldfluss-Code zu aktivieren:

- **Kapitel 1** gibt dir die Grundlagen, um deine Beziehung zu Geld zu verstehen.
- **Kapitel 2** hilft dir, Blockaden zu lösen und deine innere Einstellung zu transformieren.
- **Kapitel 3** zeigt dir, wie du finanzielle Freiheit schaffst – auch mit einfachen Mitteln.
- **Kapitel 4** ist voller Rituale und Routinen, um den Fluss der Fülle in Gang zu setzen.
- **Kapitel 5** erweitert den Fokus auf Fülle in allen Lebensbereichen – nicht nur finanziell.

Zusätzlich findest du Übungen, Affirmationen und Reflexionen, die dir helfen, das Gelernte direkt in deinem Alltag umzusetzen.

Mein Versprechen an dich

Dieses Buch ist mehr als ein Ratgeber – es ist eine Einladung, dein Leben in Fülle zu gestalten. Wenn du bereit bist, offen und mutig zu sein, wirst du nicht nur deinen Geldfluss-Code entschlüsseln, sondern auch eine tiefere Verbindung zu dir selbst und zum Leben aufbauen.

Ich verspreche dir: Die Prinzipien und Techniken in diesem Buch haben das Potenzial, dein Leben zu verändern. Alles, was du dafür tun musst, ist, die ersten Schritte zu gehen.

Wie du das Beste aus diesem Buch herausholst

1. Lies es mit einem offenen Geist.

   o Lass dich inspirieren und probiere die Übungen aus – auch wenn sie sich ungewohnt anfühlen.

2. Nimm dir Zeit für Reflexion.

   o Die Reise zu Fülle und Wohlstand ist auch eine innere Reise. Halte inne und spüre in dich hinein.

3. Setze das Gelernte in die Praxis um.

   o Theorie allein verändert nichts. Nimm die Impulse aus diesem Buch und integriere sie in deinen Alltag.

Ein letzter Gedanke, bevor du durchstartest

Dein Leben ist bereits voller Möglichkeiten. Mit diesem Buch halte ich dir einen Spiegel vor, der dir zeigt, wie viel Potenzial in dir steckt. Lass uns gemeinsam den Schlüssel zu deinem Geldfluss-Code drehen und die Türen zu Reichtum, Fülle und Glück öffnen.

Bist du bereit? Dann lass uns loslegen – dein neues Leben wartet auf dich!

Kapitel 1: Die Grundlagen des Geldflusses

1.1. Was bedeutet Geldfluss wirklich?

Geldfluss – das klingt zunächst wie ein rein finanzieller Begriff. Doch in Wirklichkeit ist Geldfluss weit mehr als das ständige Ein- und Ausgehen von Geld auf deinem Konto. Es ist ein lebendiger Ausdruck von Energie, der durch dein Leben fließt. Geldfluss beschreibt, wie frei und harmonisch du die Energie des Geldes empfangen, nutzen und weitergeben kannst. Es geht nicht nur um Zahlen, sondern auch um die Qualität deines Umgangs mit Geld – emotional, mental und praktisch.

Um zu verstehen, was Geldfluss wirklich bedeutet, stelle dir einen Fluss vor. Ein gesunder Fluss ist klar, lebendig und in Bewegung. Er hat eine Quelle, fließt in verschiedene Richtungen und versorgt alles in seiner Umgebung mit Wasser. Ähnlich verhält es sich mit Geldfluss. Wenn dein Geldfluss gesund ist, zirkuliert Geld frei in deinem Leben: Du empfängst es mit Leichtigkeit, nutzt es sinnvoll und lässt es auf natürliche Weise weiterfließen.

Ein blockierter Fluss hingegen ist stagnierend. Vielleicht hältst du Geld zurück aus Angst vor Verlust, oder es scheint, als ob Geld dich nie richtig erreicht. Diese Blockaden können durch innere Überzeugungen, Ängste oder unbewusste Muster entstehen, die dich daran hindern, Geld mit Leichtigkeit fließen zu lassen.

Warum Geldfluss keine Einbahnstraße ist

Geldfluss ist niemals statisch. Es geht nicht nur darum, Geld zu „haben", sondern auch darum, wie du es einsetzt und in Umlauf bringst. Es ist ein ständiges Geben und Empfangen – und beide Aspekte sind gleichermaßen wichtig. Wenn du nur empfängst, aber nie gibst, oder wenn du ständig gibst, ohne bereit zu sein zu empfangen, gerät dein Geldfluss ins Ungleichgewicht.

Die Bedeutung von Vertrauen im Geldfluss

Ein freier Geldfluss basiert auf Vertrauen – Vertrauen in dich selbst, in deine Fähigkeiten und in die Fülle des Lebens. Viele Menschen blockieren ihren Geldfluss, weil sie Angst haben, nicht genug zu haben. Doch Angst ist der größte Feind eines gesunden Geldflusses. Wenn du lernst, loszulassen und dem natürlichen Fluss des Geldes zu vertrauen, wird es leichter zu dir kommen.

1.2. Die energetische Verbindung zwischen Geld und Fülle

Geld ist nicht nur ein physisches Objekt wie ein Schein oder eine Münze. Es ist Energie – eine Form der Energie, die wir geschaffen haben, um Werte auszutauschen. Diese Energie ist eng mit dem Konzept der Fülle verbunden. Fülle ist der Zustand, in dem du erkennst, dass das Leben reich und grenzenlos ist. Wenn du dich mit dieser Fülle verbindest, ziehst du automatisch mehr Geld und Wohlstand in dein Leben.

Geld als Spiegel deiner inneren Welt

Deine Beziehung zu Geld ist ein direkter Spiegel deiner inneren Überzeugungen und Emotionen. Wenn du Geld als etwas Knappes, Schwieriges oder Negatives wahrnimmst, wird dein Geldfluss entsprechend eingeschränkt sein. Wenn du jedoch Geld als neutrale, positive Energie betrachtest, die dir dient, wird es auf natürliche Weise zu dir fließen.

Die Rolle der Emotionen im Geldfluss

Emotionen spielen eine entscheidende Rolle in der energetischen Verbindung zwischen Geld und Fülle. Freude, Dankbarkeit und Vertrauen erzeugen eine hohe Schwingung, die mehr Fülle anzieht. Angst, Schuldgefühle oder Gier hingegen blockieren diese Verbindung und können den Geldfluss stoppen.

Übung: Deine energetische Verbindung stärken

1. Nimm dir ein paar Minuten Zeit, um in Ruhe zu sitzen.

2. Stelle dir vor, wie Geld als goldene Energie durch dein Leben fließt. Spüre, wie es leicht und harmonisch zirkuliert.

3. Sage dir selbst: *„Ich bin offen für die Fülle des Lebens, und Geld fließt frei und reichlich zu mir."*

4. Fühle die Dankbarkeit für das Geld, das du bereits hast, und vertraue darauf, dass noch mehr zu dir kommt.

Das Gesetz der Resonanz verstehen

Die Verbindung zwischen Geld und Fülle basiert auf dem Gesetz der Resonanz: Gleiche Energien ziehen sich an. Wenn du Fülle ausstrahlst – in deinen Gedanken, Gefühlen und Handlungen – ziehst du automatisch mehr davon an. Es ist daher entscheidend, dass du deine innere Einstellung auf Wohlstand und Möglichkeiten ausrichtest.

1.3. Warum Wohlstand ein innerer Zustand ist

Viele Menschen glauben, Wohlstand sei etwas, das von äußeren Umständen abhängt – von deinem Job, deinem Einkommen oder deinen Besitztümern. Doch das ist ein Trugschluss. Wohlstand beginnt in deinem Inneren. Es ist eine Haltung, eine Denkweise und eine emotionale Ausrichtung, die weit über materiellen Reichtum hinausgeht.

Innerer Wohlstand definiert deine äußere Realität

Die Art und Weise, wie du dich selbst und die Welt siehst, bestimmt, wie viel Wohlstand du erlebst. Wenn du dich als wertvoll, fähig und verdient betrachtest, wirst du diese Überzeugungen in deiner äußeren Realität widerspiegeln. Wenn du jedoch an Mangel glaubst, wird sich auch dieser Mangel in deinem Leben zeigen.

Dankbarkeit als Schlüssel zum inneren Wohlstand

Dankbarkeit ist eine der kraftvollsten Techniken, um inneren Wohlstand zu kultivieren. Wenn du dich auf das konzentrierst, was du bereits hast, fühlst du dich automatisch reicher – und ziehst gleichzeitig mehr Fülle an. Mache es dir zur Gewohnheit, täglich mindestens drei Dinge aufzuschreiben, für die du dankbar bist. Diese einfache Praxis kann deine Perspektive auf Wohlstand völlig verändern.

Die Rolle der Selbstliebe

Innerer Wohlstand beginnt mit Selbstliebe. Wenn du dich selbst schätzt und respektierst, ziehst du automatisch Dinge und Menschen an, die deinen Wert bestätigen. Arbeite daran, deinen Selbstwert zu stärken, indem du dir selbst mit Mitgefühl begegnest und deine Erfolge feierst – auch die kleinen.

Übung: Inneren Wohlstand aktivieren

1. Schließe die Augen und atme tief ein und aus.

2. Stelle dir vor, dass Wohlstand wie ein Licht in deinem Inneren leuchtet. Dieses Licht wächst mit jedem Atemzug und erfüllt deinen ganzen Körper.

3. Sage dir selbst: *„Ich bin reich an Möglichkeiten, Liebe und Energie."*

4. Spüre, wie sich dieser innere Wohlstand auf deine äußere Welt ausdehnt.

1.4. Dein Mindset als Fundament für finanziellen Erfolg

Dein Mindset – also die Art, wie du denkst und glaubst – ist die Grundlage für deinen finanziellen Erfolg. Deine Überzeugungen über Geld, Erfolg und deine eigenen Fähigkeiten prägen jede Entscheidung, die du triffst. Um deinen Geldfluss zu aktivieren, ist es entscheidend, dein Mindset bewusst zu gestalten.

Die Macht der Glaubenssätze

Glaubenssätze sind tief verwurzelte Überzeugungen, die oft unbewusst wirken. Häufige negative Glaubenssätze über Geld sind:

- *„Geld ist schwer zu verdienen."*
- *„Ich bin nicht gut mit Geld."*
- *„Ich verdiene es nicht, reich zu sein."*

Diese Überzeugungen limitieren dich und blockieren deinen Geldfluss. Der erste Schritt, sie zu verändern, besteht darin, sie bewusst zu erkennen. Frage dich: Welche Überzeugungen halte ich über Geld, und wie beeinflussen sie mein Leben?

Positive Glaubenssätze etablieren

Ersetze begrenzende Glaubenssätze durch positive, stärkende Überzeugungen. Beispiele sind:

- *„Geld fließt leicht und in Fülle zu mir."*
- *„Ich bin ein guter Verwalter meines Wohlstands."*

- *„Ich verdiene es, finanziellen Erfolg zu erleben."*

Wiederhole diese neuen Überzeugungen täglich und integriere sie in dein Denken, bis sie zu deinem neuen Standard werden.

Dein Umfeld als Verstärker deines Mindsets

Die Menschen, mit denen du dich umgibst, beeinflussen dein Mindset erheblich. Umgib dich mit Menschen, die positiv über Geld und Erfolg denken, und vermeide es, dich von negativen Ansichten herunterziehen zu lassen. Dein Umfeld kann ein kraftvoller Verstärker für dein neues Mindset sein.

Handlungen als Ausdruck deines Mindsets

Ein starkes Mindset zeigt sich in deinen Handlungen. Mache es dir zur Gewohnheit, mutige Entscheidungen zu treffen, Risiken einzugehen und Gelegenheiten zu ergreifen. Zeige durch dein Handeln, dass du an deinen Erfolg glaubst.

Zusammenfassung

In diesem Kapitel hast du gelernt, dass Geldfluss weit mehr ist als nur das Ein- und Ausgehen von Geld. Es ist ein energetischer Ausdruck deiner inneren Welt. Du hast erfahren, wie eng Geld mit Fülle verbunden ist, warum Wohlstand in deinem Inneren beginnt und wie dein Mindset das Fundament für deinen finanziellen Erfolg bildet.

Der nächste Schritt besteht darin, das Gelernte in die Praxis umzusetzen: Erkenne deine Blockaden, richte dein Denken auf Wohlstand aus und erlaube dir, die Fülle des Lebens zu empfangen. Dein Geldfluss-Code wartet darauf, aktiviert zu werden – und du hast bereits alles, was du dafür brauchst!

Kapitel 2: Deinen Geldfluss-Code entschlüsseln

2.1. Die häufigsten Blockaden, die deinen Geldfluss stoppen

Bevor wir den Geldfluss aktivieren können, müssen wir uns ansehen, was ihn blockiert. Oft sind diese Blockaden nicht äußerlich, sondern innerlich – sie entstehen durch Glaubenssätze, Emotionen oder unbewusste Verhaltensmuster, die uns daran hindern, Geld und Fülle in unser Leben zu ziehen.

1. Angst vor Mangel

Eine der häufigsten Blockaden ist die Angst, nicht genug zu haben. Diese Angst kann dich dazu bringen, Geld festzuhalten oder dich darauf zu konzentrieren, was dir fehlt. Ironischerweise verstärkt diese Denkweise den Mangel, denn nach dem Gesetz der Resonanz ziehst du das an, worauf du deinen Fokus richtest.

Wie du sie überwindest:

- Führe ein Dankbarkeitstagebuch, um deinen Fokus auf das zu richten, was du bereits hast.

- Wiederhole Affirmationen wie: *„Ich habe immer genug, um meine Bedürfnisse zu erfüllen."*

2. Schuldgefühle in Bezug auf Geld

Manche Menschen fühlen sich schuldig, wenn sie Geld besitzen oder mehr verdienen als andere. Diese Schuldgefühle können dazu führen, dass sie unbewusst Möglichkeiten sabotieren, die ihnen finanziellen Wohlstand bringen könnten.

Wie du sie überwindest:

- Erkenne, dass Geld neutral ist – es ist weder gut noch schlecht. Es hängt davon ab, wie du es nutzt.
- Sage dir: *„Es ist mein Geburtsrecht, Fülle zu erleben, und ich nutze Geld, um Gutes zu tun."*

3. Falsche Gewohnheiten im Umgang mit Geld

Fehlende Planung, unüberlegte Ausgaben oder das Ignorieren finanzieller Verantwortung können den Geldfluss blockieren. Auch wenn Geld zu dir kommt, fließt es möglicherweise schnell wieder hinaus, ohne dass du es sinnvoll nutzt.

Wie du sie überwindest:

- Erstelle ein Budget und setze dir klare finanzielle Ziele.

- Entwickle die Gewohnheit, einen Teil deines Einkommens zu sparen, um finanzielle Sicherheit aufzubauen.

4. Angst vor Veränderung oder Erfolg

Manche Menschen fürchten sich unbewusst vor den Veränderungen, die Wohlstand mit sich bringen könnte. Erfolg kann neue Verantwortungen, Erwartungen oder sogar Neid von anderen nach sich ziehen.

Wie du sie überwindest:

- Schreibe die Vorteile auf, die finanzieller Erfolg in dein Leben bringen würde.

- Wiederhole dir: *„Ich nehme jede Veränderung mit Freude und Leichtigkeit an."*

2.2. Glaubenssätze über Geld – und wie du sie transformierst

Unsere Glaubenssätze sind tief in unserem Unterbewusstsein verankert und prägen, wie wir Geld und Wohlstand wahrnehmen. Oft stammen diese Überzeugungen aus unserer Kindheit, von Eltern, Lehrern oder der Gesellschaft.

Häufige negative Glaubenssätze über Geld

- *„Geld wächst nicht auf Bäumen."*
- *„Um reich zu sein, muss man hart arbeiten."*
- *„Reiche Menschen sind gierig oder unehrlich."*
- *„Ich bin einfach nicht gut mit Geld."*

Diese Überzeugungen begrenzen deinen Geldfluss, weil sie deine Gedanken und Handlungen beeinflussen. Wenn du glaubst, dass Geld schwer zu verdienen ist, wirst du unbewusst Wege wählen, die diesen Glauben bestätigen.

Wie du negative Glaubenssätze erkennst

- Reflektiere über deine Beziehung zu Geld. Frage dich: *„Was habe ich über Geld gelernt? Welche Überzeugungen habe ich übernommen?"*

- Schreibe diese Glaubenssätze auf und prüfe, ob sie hilfreich oder einschränkend sind.

Transformation deiner Glaubenssätze

1. **Ersetze alte Überzeugungen:**

   o Schreibe jeden negativen Glaubenssatz auf und formuliere eine positive Alternative, z. B.:

   ▪ „Geld ist schwer zu verdienen." → „Geld fließt leicht und mühelos zu mir."

   ▪ „Reiche Menschen sind gierig." → „Reiche Menschen nutzen ihr Geld, um Gutes zu bewirken."

2. **Nutze Affirmationen:**

   o Wiederhole täglich Affirmationen wie:

   ▪ *„Ich bin ein Magnet für Fülle und Wohlstand."*

   ▪ *„Ich verdiene es, reich zu sein."*

3. **Praktische Umsetzung:**

   o Handle so, als ob der neue Glaubenssatz bereits wahr ist. Wenn du glaubst, dass

Geld leicht zu dir kommt, ergreife mutig neue Möglichkeiten, um Einkommen zu generieren.

2.3. Die Kraft deiner Gedanken und Worte: So erschaffst du Reichtum

Deine Gedanken und Worte sind mächtige Werkzeuge, die deine Realität formen. Sie bestimmen, worauf du dich konzentrierst, und beeinflussen direkt, welche Energie du aussendest – und damit, was du in dein Leben ziehst.

Gedanken als Bausteine deiner Realität

Jeder Gedanke, den du hast, ist wie ein Samen, den du pflanzt. Positive Gedanken über Geld und Fülle schaffen die Grundlage für einen gesunden Geldfluss. Negative Gedanken hingegen wirken wie Unkraut, das den Fluss blockiert.

Beispiele:

* *Gedanke:* „Ich habe immer genug Geld." →
  Ergebnis: Du fühlst dich sicher und ziehst Gelegenheiten an.

- *Gedanke:* „Ich werde nie genug haben." →
  Ergebnis: Du fühlst Angst und ziehst Mangel an.

Die Macht der Worte

Worte verstärken deine Gedanken und senden eine klare Botschaft an dein Unterbewusstsein und das Universum. Wenn du häufig Sätze sagst wie: „Ich kann mir das nicht leisten," programmierst du dich auf Mangel. Ersetze diese Sätze durch positive Formulierungen wie: „Ich entscheide mich, mein Geld bewusst zu verwenden."

Techniken zur bewussten Steuerung deiner Gedanken und Worte

1. **Achtsamkeit üben:**

   o Achte darauf, wie du über Geld sprichst und denkst. Wenn du negative Gedanken bemerkst, halte inne und ersetze sie bewusst.

2. **Visualisierung:**

   o Stelle dir täglich vor, wie Geld in dein Leben fließt und wie du es mit Freude und Leichtigkeit nutzt.

3. **Affirmationen laut aussprechen:**

   o   Verstärke die Wirkung deiner
       Affirmationen, indem du sie mit
       Überzeugung aussprichst.

2.4. Der Einfluss deiner Emotionen auf deinen Geldfluss

Deine Emotionen sind der Motor deines Geldflusses. Sie beeinflussen, wie du dich fühlst, denkst und handelst – und sie bestimmen die Energie, die du aussendest. Positive Emotionen wie Freude, Vertrauen und Dankbarkeit ziehen Fülle an, während negative Emotionen wie Angst, Zweifel oder Gier den Geldfluss blockieren.

Die Rolle der Dankbarkeit

Dankbarkeit ist eine der kraftvollsten Emotionen, um dienen Geldfluss zu aktivieren. Wenn du dankbar bist für das, was du hast, ziehst du mehr von dieser Energie in dein Leben.

Übung:

- Schreibe jeden Abend drei Dinge auf, für die du finanziell dankbar bist, z. B.:

o *„Ich bin dankbar für die finanzielle Sicherheit, die ich habe."*

o *„Ich bin dankbar für die Möglichkeit, meine Rechnungen zu bezahlen."*

Wie Angst den Geldfluss blockiert

Angst vor Verlust oder Mangel sendet eine Botschaft von Unsicherheit aus. Diese Energie kann dich daran hindern, mutige Entscheidungen zu treffen oder neue Chancen zu ergreifen.

Wie du Angst überwindest:

- Ersetze Angst durch Vertrauen. Sage dir: *„Ich bin sicher, und alles, was ich brauche, kommt zu mir."*

- Meditiere regelmäßig, um deinen Geist zu beruhigen und dich mit positiven Emotionen zu verbinden.

Freude und Leichtigkeit als Geldmagnet

Freude und Leichtigkeit erhöhen deine Schwingung und machen dich zu einem Magneten für Wohlstand. Finde Wege, um Geld mit positiven Gefühlen zu verbinden, z. B.:

- Spende einen kleinen Betrag mit Freude.
- Investiere in etwas, das dich glücklich macht.

Zusammenfassung

In diesem Kapitel hast du gelernt, wie du die häufigsten Blockaden deines Geldflusses erkennst und auflöst, wie du negative Glaubenssätze transformierst und wie deine Gedanken, Worte und Emotionen deinen Wohlstand beeinflussen.

Die Entschlüsselung deines Geldfluss-Codes beginnt in diesem Inneren. Durch bewusstes Denken, Fühlen und Handeln kannst du nicht nur finanzielle Freiheit erreichen, sondern auch ein Leben voller Fülle und Freude erschaffen. Der nächste Schritt liegt in deinen Händen – nutze die Werkzeuge, die du jetzt hast, und lass deinen Geldfluss erblühen!

Kapitel 3: Finanzielle Freiheit aktivieren

3.1. Was bedeutet finanzielle Freiheit für dich?

Finanzielle Freiheit ist mehr als nur das Gefühl, genügend Geld auf dem Konto zu haben. Es ist ein Zustand, in dem du dein Leben nach deinen eigenen Vorstellungen gestalten kannst, ohne dass finanzielle Zwänge dich zurückhalten. Doch finanzielle Freiheit ist für jeden etwas anderes, und der erste Schritt, sie zu erreichen, ist, ihre Bedeutung für dich persönlich zu definieren.

Die individuelle Bedeutung von finanzieller Freiheit

Für manche bedeutet finanzielle Freiheit, keine Angst vor unbezahlten Rechnungen oder Schulden zu haben. Für andere ist es die Möglichkeit, unabhängig zu arbeiten, die Welt zu bereisen oder Zeit für Familie und Hobbys zu haben. Deine Definition von finanzieller Freiheit hängt von deinen Werten, Zielen und Träumen ab.

Reflexion:

- Frage dich: *Was würde finanzielle Freiheit für mich ermöglichen?*

- Schreibe dir auf, wie dein Leben aussehen würde, wenn du frei von finanziellen Einschränkungen wärst.

Die Rolle der Sicherheit und Flexibilität

Finanzielle Freiheit bedeutet nicht nur Reichtum, sondern auch Sicherheit. Es geht darum, finanziell abgesichert zu sein, selbst wenn unerwartete Herausforderungen auftreten. Gleichzeitig schenkt dir finanzielle Freiheit die Flexibilität, Entscheidungen zu treffen, die nicht nur auf Geld, sondern auf Freude und Leidenschaft basieren.

Die Illusion von „mehr Geld"

Viele Menschen glauben, dass finanzielle Freiheit ausschließlich mit hohen Einkommen zusammenhängt. Doch das ist ein Trugschluss. Wahre finanzielle Freiheit entsteht durch kluges Management deines Geldes, klare Prioritäten und den bewussten Umgang mit Ressourcen. Ein hohes Einkommen ohne Planung kann genauso stressig sein wie ein niedriges Einkommen mit vielen Schulden.

Übung: Deine Definition von finanzieller Freiheit

1. Schreibe in einem Satz auf, was finanzielle Freiheit für dich bedeutet.

2. Ergänze diese Aussage mit drei konkreten Dingen, die du erreichen möchtest, z. B.:

- o „Finanzielle Freiheit bedeutet für mich, ohne Sorgen reisen zu können."

- o „Ich möchte eine Rücklage für Notfälle aufbauen, meine Arbeitszeit reduzieren und in meine Weiterbildung investieren."

3.2. Passives Einkommen und smarte Strategien

Passives Einkommen ist eine der effektivsten Methoden, um finanzielle Freiheit zu erreichen. Es beschreibt Einkünfte, die du erhältst, ohne aktiv dafür zu arbeiten – eine Möglichkeit, Geld für dich arbeiten zu lassen.

Was ist passives Einkommen?

Passives Einkommen entsteht, wenn du eine anfängliche Investition – sei es Zeit, Geld oder Wissen – tätigst, die später fortlaufend Einkommen generiert. Beispiele sind Mieteinnahmen, Lizenzgebühren oder Einnahmen aus digitalen Produkten. Es ist das Gegenteil von aktivem Einkommen, bei dem du direkt Zeit gegen Geld tauschst.

Beispiele für passives Einkommen

1. **Immobilien:**

   o Vermietung von Wohnungen, Häusern oder Gewerbeflächen.

   o Airbnb-Hosting oder temporäre Vermietungen.

2. **Digitale Produkte:**

   o E-Books, Onlinekurse oder Software, die einmal erstellt und dann verkauft werden.

3. **Investitionen:**

   o Dividenden aus Aktien oder Zinserträge aus Anleihen.

   o Investitionen in ETFs oder Fonds.

4. **Lizenzen und Rechte:**

   o Einnahmen aus kreativer Arbeit wie Musik, Bücher oder Fotografien.

5. **Affiliate-Marketing:**

   o Provisionen, die du erhältst, wenn du Produkte oder Dienstleistungen anderer bewirbst.

Wie du passives Einkommen aufbaust

- **Schritt 1: Dein Startkapital:** Überlege, wie viel Zeit, Geld oder Wissen du investieren kannst.

- **Schritt 2: Dein Ziel:** Wähle eine Einkommensquelle, die zu dir passt, z. B. Immobilien, digitale Produkte oder Investitionen.

- **Schritt 3: Lerne die Grundlagen:** Investiere in Wissen, z. B. durch Kurse, Bücher oder Mentoren.

- **Schritt 4: Starte klein:** Beginne mit einem Projekt und erweitere deinen Fokus, sobald du erste Ergebnisse erzielst.

Smarte Strategien für finanziellen Erfolg

1. **Automatisiere deine Finanzen:**

   o Richte Daueraufträge für Spar- und Investitionskonten ein, um automatisch Wohlstand aufzubauen.

2. **Diversifiziere deine Einkommensquellen:**

   o Setze nicht alles auf eine Karte. Kombiniere aktives und passives Einkommen, um finanzielle Stabilität zu gewährleisten.

3. **Baue ein Netzwerk auf:**

   o Umgib dich mit Menschen, die Erfahrungen mit passivem Einkommen haben, und lerne von ihnen.

3.3. Geld verdienen mit Leichtigkeit – Möglichkeiten entdecken

Die Vorstellung, Geld verdienen sei immer mit harter Arbeit verbunden, ist eine weit verbreitete, aber einschränkende Überzeugung. Geld zu verdienen kann leicht und freudvoll sein, wenn du deine Talente und Interessen nutzt und deine Perspektive auf den Prozess änderst.

Deine Talente und Leidenschaften monetarisieren

1. **Entdecke deine Stärken:**

   o Frage dich: *Was kann ich besonders gut? Was mache ich gerne?*

   o Schreibe mindestens fünf Dinge auf, die du gut kannst oder die dir Spaß machen.

2. **Verknüpfe Talente mit Einkommensmöglichkeiten:**

   o   Wenn du gerne schreibst, könntest du ein Buch veröffentlichen.

   o   Liebst du es, anderen zu helfen? Starte einen Coaching- oder Beratungsservice.

Möglichkeiten für leichtes Geldverdienen

1. **Freelancing:**

   o   Plattformen wie Upwork oder Fiverr ermöglichen es dir, deine Fähigkeiten in Design, Schreiben oder Programmierung anzubieten.

2. **E-Commerce:**

   o   Verkaufe Produkte auf Plattformen wie Etsy, Amazon oder deinem eigenen Online-Shop.

3. **Dienstleistungen vor Ort:**

   o   Biete Nachhilfe, Gartendienst oder andere Dienstleistungen in deiner Community an.

4. Onlinekurse oder Workshops:

- o Teile dein Wissen in einem Bereich, in dem du Experte bist.

Die richtige Haltung für Leichtigkeit

- Glaube daran, dass Geld verdienen Spaß machen kann.

- Konzentriere dich auf den Wert, den du anderen bringst – das wird sich finanziell auszahlen.

3.4. Wie du eine finanzielle Vision entwickelst

Eine finanzielle Vision ist dein persönlicher Fahrplan, um deine Träume und Ziele zu erreichen. Sie gibt dir Klarheit und Orientierung, sodass du deine Energie gezielt einsetzen kannst.

Warum eine Vision entscheidend ist

Ohne eine klare Vision kann es leicht passieren, dass du dich von kurzfristigen Entscheidungen leiten lässt oder dich im Alltag verlierst. Eine finanzielle Vision hilft dir, langfristig zu denken und bewusst Entscheidungen zu treffen, die dich deinem Ziel näherbringen.

Schritte zur Entwicklung deiner finanziellen Vision

1. **Träume groß:**

   o Frage dich: *Wie sieht mein ideales Leben aus? Welche finanziellen Ressourcen brauche ich, um es zu verwirklichen?*

2. **Setze klare Ziele:**

   o Unterteile deine Vision in konkrete Ziele, z. B.:

      ▪ „Ich möchte in 5 Jahren schuldenfrei sein."

      ▪ „Ich möchte jährlich eine bestimmte Summe passives Einkommen generieren."

3. **Plane den Weg:**

   o Definiere die Schritte, die nötig sind, um deine Ziele zu erreichen.

4. **Halte die Vision lebendig:**

   o Visualisiere regelmäßig, wie du deine Vision erreichst, und halte deine Fortschritte schriftlich fest.

Beispiel einer finanziellen Vision

- **Vision:** „Ich möchte in den nächsten 10 Jahren ein passives Einkommen aufbauen, das meine Lebenshaltungskosten deckt, sodass ich mehr Zeit für Reisen und kreative Projekte habe."

- **Ziele:**

  1. Erste Investition in Immobilien innerhalb von 2 Jahren.
  2. Aufbau eines Online-Business für digitale Produkte.
  3. Monatliches Sparziel von 20 % meines Einkommens.

Zusammenfassung

In diesem Kapitel hast du gelernt, was finanzielle Freiheit bedeutet und wie du sie erreichst. Wir haben uns mit passivem Einkommen, smarten Strategien und der Entwicklung einer finanziellen Vision befasst.

Der Schlüssel zur Aktivierung deiner finanziellen Freiheit liegt in der Kombination aus klarer Planung, gezieltem Handeln und einer positiven Einstellung. Indem du diese Prinzipien anwendest, kannst du nicht nur finanzielle Sicherheit erreichen, sondern auch ein Leben voller Leichtigkeit und Freude führen. Jetzt ist der Moment, deinen Fahrplan in die Tat umzusetzen!

Kapitel 4: Die Praxis des Geldflusses

4.1. Geldfluss aktivieren durch Dankbarkeit

Dankbarkeit ist die mächtigste Emotion, um deinen Geldfluss zu aktivieren. Sie verändert nicht nur, wie du über Geld denkst, sondern auch, wie du es empfängst, ausgibst und nutzt. Wenn du dankbar bist, sendest du eine klare Botschaft an das Universum: „Ich schätze das, was ich habe, und bin bereit, noch mehr zu empfangen."

Wie Dankbarkeit den Geldfluss aktiviert

Dankbarkeit verlagert deinen Fokus von Mangel auf Fülle. Statt dich auf das zu konzentrieren, was dir fehlt, lenkst du deine Aufmerksamkeit auf das, was du bereits hast. Dadurch verändert sich deine Energie: Du fühlst dich reicher, entspannter und offener – und diese Energie zieht mehr Wohlstand an.

Beispiel:

Statt zu sagen: „Ich habe nicht genug Geld, um mir das zu leisten," sagst du: „Ich bin dankbar für das Geld, das ich habe, und öffne mich für noch mehr Möglichkeiten."

Dankbarkeit im Alltag praktizieren

1. **Führe ein Dankbarkeitstagebuch:**
   Schreibe jeden Abend drei Dinge auf, für die du finanziell dankbar bist. Das können kleine Dinge sein, wie ein unerwarteter Rabatt oder die Möglichkeit, deine Rechnungen pünktlich zu bezahlen.

2. **Dankbar zahlen:**
   Wenn du Geld ausgibst, sei dankbar. Sage dir innerlich: *„Danke, dass ich das Geld habe, um das zu bezahlen."*

3. **Visualisiere Fülle:**
   Stelle dir vor, wie Geld in dein Leben fließt, und spüre die Dankbarkeit, als wäre es schon da.

Übung: Dankbarkeit stärken

- Setze dich hin und atme tief ein und aus.
- Denke an eine finanzielle Situation, die dir Freude bereitet hat, z. B. einen Gehaltseingang oder ein Geschenk.
- Spüre die Dankbarkeit und lasse dieses Gefühl in deinem Körper wachsen.

Dankbarkeit ist der erste Schritt, um deinen Geldfluss in Gang zu setzen und eine positive Beziehung zu Geld zu entwickeln.

4.2. Die Macht des Gebens – Warum Großzügigkeit Wohlstand bringt

Geben und Empfangen sind zwei Seiten desselben Kreislaufs. Um deinen Geldfluss zu aktivieren, musst du bereit sein, zu geben. Großzügigkeit öffnet dein Herz und schafft eine Energie des Vertrauens und der Fülle.

Warum Geben Wohlstand bringt

Wenn du gibst, sendest du die Botschaft aus, dass du genug hast. Du zeigst dem Universum, dass du auf die Fülle vertraust und bereit bist, sie zu teilen. Dieses Vertrauen wird belohnt: Indem du gibst, öffnest du den Raum für mehr.

Beispiel:

Stelle dir vor, dein Geld ist wie Wasser in einem Fluss. Wenn du Wasser zurückhältst, stagniert der Fluss. Wenn du es weiterfließen lässt, bleibt es frisch und lebendig.

Die richtige Haltung beim Geben

1. **Gib mit Freude:**

    o Großzügigkeit sollte von Herzen kommen. Gib nicht aus Pflichtgefühl oder Erwartung, etwas zurückzubekommen.

2. **Gib, was du kannst:**

    o Du musst keine großen Summen spenden, um großzügig zu sein. Selbst kleine Gesten, wie jemandem einen Kaffee zu spendieren, haben eine große Wirkung.

3. **Gib bewusst:**

    o Überlege, wie dein Geben einen positiven Unterschied machen kann. Unterstütze Menschen, Projekte oder Organisationen, die dir wichtig sind.

Übung: Großzügigkeit praktizieren

- Entscheide dich heute, jemanden zu beschenken – sei es mit Geld, Zeit oder Aufmerksamkeit.

- Beobachte, wie sich das Geben auf deine Stimmung und deine Wahrnehmung von Fülle auswirkt.

4.3. Wie du Geld mit Freude und Leichtigkeit empfängst

Empfangen ist genauso wichtig wie Geben. Doch viele Menschen tun sich schwer damit, Geld mit Freude und Leichtigkeit anzunehmen. Sie fühlen sich schuldig, unwohl oder nicht wertvoll genug. Diese Einstellung blockiert den Geldfluss.

Die Kunst des Empfangens

Empfangen bedeutet, offen zu sein – nicht nur für Geld, sondern auch für Unterstützung, Geschenke und Gelegenheiten. Es geht darum, die Fülle des Lebens anzunehmen, ohne sie zu hinterfragen.

Beispiele für Blockaden beim Empfangen:

- Du lehnst Geschenke ab, weil du dich verpflichtet fühlst, etwas zurückzugeben.

- Du fühlst dich unwohl, wenn dir jemand ein Kompliment macht oder dir Hilfe anbietet.

Wie du Geld mit Freude empfängst

1. **Erkenne deinen Wert:**
   - Du bist es wert, Fülle zu empfangen. Wiederhole Affirmationen wie: *„Ich bin bereit, Geld und Wohlstand mit Freude zu empfangen."*

2. **Sage „Danke":**
   - Wenn dir jemand Geld, Zeit oder Unterstützung gibt, nimm es dankbar an. Ein einfaches „Danke" reicht aus – du musst nichts zurückgeben.

3. **Feiere deine Erfolge:**
   - Wenn du Geld erhältst, feiere es. Ob es ein Gehaltseingang, ein Geschenk oder eine kleine Rückerstattung ist – erkenne es als Teil deines Geldflusses an.

Übung: Empfang trainieren

- Denke an eine Situation, in der du etwas erhalten hast, und spüre die Freude darüber.

- Stell dir vor, wie du Geld empfängst, und sage innerlich: *„Ich nehme diese Fülle dankbar an."*

4.4. Routinen und Rituale für einen kontinuierlichen Geldfluss

Um einen kontinuierlichen Geldfluss zu schaffen, brauchst du Routinen und Rituale, die deine Beziehung zu Geld stärken. Diese Gewohnheiten helfen dir, bewusst mit Geld umzugehen und deine Energie auf Fülle auszurichten.

Tägliche Routinen für den Geldfluss

1. **Morgendliche Affirmationen:**

   o Beginne deinen Tag mit positiven Aussagen wie: *„Geld fließt leicht und reichlich in mein Leben."*

2. **Visualisierung:**

   o Stelle dir vor, wie Geld als Energie durch dein Leben zirkuliert. Spüre, wie es kommt, bleibt und fließt.

3. **Dankbarkeitsritual:**

   o Schreibe jeden Tag auf, wofür du finanziell dankbar bist.

Wöchentliche Rituale für finanziellen Erfolg

1. **Überprüfung deiner Finanzen:**

   o Setze dich einmal pro Woche hin und prüfe, wie du Geld verdient, ausgegeben und gespart hast.

2. **Spar- und Investitionsplanung:**

   o Überweise regelmäßig einen Teil deines Einkommens auf ein Sparkonto oder investiere in langfristige Projekte.

3. **Geben:**

   o Entscheide jede Woche, wie du großzügig sein kannst, sei es durch eine Spende oder eine helfende Hand.

Monatliche Rituale für Wohlstand

1. **Setze neue Ziele:**

   o Definiere jeden Monat ein finanzielles Ziel, z. B. eine bestimmte Sparsumme oder eine neue Einkommensquelle.

2. **Feiere deine Erfolge:**

   o Schaue zurück auf den Monat und erkenne, was dir gelungen ist.

3. **Reinigung und Loslassen:**

   o Gehe durch deine Finanzen und trenne dich von unnötigen Ausgaben oder Verpflichtungen, die deinen Geldfluss blockieren.

Ein Ritual für langfristigen Erfolg

- **Geldmeditation:**

   o Setze dich einmal im Monat hin, schließe die Augen und visualisiere deinen idealen Geldfluss. Stelle dir vor, wie Geld mühelos in dein Leben kommt und wie du es sinnvoll einsetzt. Spüre die Freude und Dankbarkeit, die damit verbunden sind.

Zusammenfassung

In diesem Kapitel hast du die praktischen Werkzeuge kennengelernt, um deinen Geldfluss zu aktivieren und aufrechtzuerhalten. Dankbarkeit, Großzügigkeit, die Freude am Empfangen und bewusste Routinen bilden das Fundament für einen kontinuierlichen Geldfluss.

Diese Praktiken helfen dir, eine starke und positive Beziehung zu Geld aufzubauen, die dein Leben nicht nur finanziell, sondern auch emotional und spirituell bereichert.

Jetzt ist es an der Zeit, diese Werkzeuge in deinem Alltag zu integrieren und die Praxis des Geldflusses zu deinem persönlichen Erfolgsritual zu machen!

Kapitel 5: Fülle in allen Lebensbereichen schaffen

5.1. Geld als Teil eines erfüllten Lebens verstehen

Geld ist ein wichtiger Bestandteil unseres Lebens, aber es ist nicht das Ganze. Wahre Fülle entsteht, wenn du Geld als Werkzeug für ein erfülltes Leben nutzt und erkennst, dass es eine Ressource unter vielen ist. Die Kunst besteht darin, Geld in den größeren Kontext deines Lebens zu stellen und es nicht zu deinem einzigen Ziel zu machen.

Die Rolle von Geld in einem erfüllten Leben

Geld ermöglicht Freiheit, Komfort und Möglichkeiten. Es ist ein mächtiges Werkzeug, um Träume zu verwirklichen, Sicherheit zu schaffen und andere zu unterstützen. Doch es ist nur ein Mittel zum Zweck – nicht der Zweck selbst. Ein erfülltes Leben basiert auf einer Balance zwischen finanziellen Ressourcen und anderen Elementen wie Beziehungen, Gesundheit und persönlichem Wachstum.

Beispiel:

* Geld kann dir die Freiheit geben, Zeit mit deiner Familie zu verbringen. Aber ohne echte

Verbindung zu deinen Liebsten wird diese Zeit hohl bleiben.

Geld und deine Werte

Um Geld sinnvoll zu nutzen, musst du es mit deinen Werten in Einklang bringen. Frage dich:

- *Wofür möchte ich mein Geld einsetzen?*
- *Welche Ausgaben bringen mir wirklich Freude und Zufriedenheit?*

Ein bewusster Umgang mit Geld bedeutet, es für Dinge auszugeben, die dir wichtig sind, und nicht für flüchtige Befriedigungen oder gesellschaftliche Erwartungen.

Übung: Geld als Werkzeug der Fülle nutzen

1. Schreibe drei Bereiche auf, die dir im Leben am wichtigsten sind (z. B. Familie, Kreativität, Gesundheit).

2. Überlege, wie du dein Geld gezielt einsetzen kannst, um diese Bereiche zu stärken.

5.2. Beziehungen, Gesundheit und Glück – die Fülle des Lebens genießen

Fülle zeigt sich nicht nur auf deinem Bankkonto, sondern auch in deinen Beziehungen, deiner Gesundheit und deinem allgemeinen Glücksempfinden. Diese Aspekte sind eng miteinander verbunden und beeinflussen sich gegenseitig.

Beziehungen als Quelle der Fülle

Gesunde, unterstützende Beziehungen sind einer der größten Reichtümer, die du besitzen kannst. Sie geben dir Kraft, Inspiration und emotionale Stabilität. Doch wie Geld erfordern auch Beziehungen Pflege und Aufmerksamkeit.

Wie du Fülle in deinen Beziehungen schaffst:

1. **Zeit schenken:**
   - Verbringe bewusst Zeit mit Menschen, die dir wichtig sind, und sei präsent.

2. **Großzügigkeit zeigen:**
   - Gib in deinen Beziehungen, ohne etwas zurückzuerwarten – sei es in Form von Aufmerksamkeit, Unterstützung oder Freundlichkeit.

3. **Dankbarkeit ausdrücken:**

   o   Bedanke dich bei den Menschen, die dein
       Leben bereichern.

Gesundheit als Grundlage der Fülle

Ohne Gesundheit ist jeder andere Wohlstand bedeutungslos. Körperliche und geistige Gesundheit bilden die Grundlage, um ein erfülltes Leben zu genießen.

Wie du Fülle in deiner Gesundheit kultivierst:

- Ernähre dich bewusst und achte auf Bewegung,
  die dir Freude macht.

- Praktiziere Achtsamkeit und Selbstfürsorge, um
  Stress abzubauen.

- Sei dankbar für deinen Körper und das, was er dir
  ermöglicht.

Glück als tägliche Praxis

Glück ist keine einmalige Erfahrung, sondern eine bewusste Entscheidung, die du jeden Tag treffen kannst. Es entsteht, wenn du dich auf das Positive konzentrierst und die
kleinen Momente des Lebens schätzt.

Übung:

- Schreibe jeden Abend drei Dinge auf, die dich an diesem Tag glücklich gemacht haben.

5.3. Wie du Fülle in anderen Bereichen anziehst

Fülle ist eine Energie, die in jedem Lebensbereich präsent sein kann – nicht nur in Bezug auf Geld oder materielle Dinge. Wenn du lernst, diese Energie bewusst zu lenken, kannst du sie in alle Bereiche deines Lebens bringen.

Die Prinzipien der Fülle in anderen Bereichen anwenden

1. **Karriere:**

   o Fülle in der Karriere bedeutet, eine Arbeit zu finden, die dir Freude bereitet und dir gleichzeitig finanzielle Sicherheit gibt.

   o Frage dich: *Wie kann ich meine Talente und Leidenschaften nutzen, um anderen zu dienen und dabei Wohlstand zu schaffen?*

2. **Zeit:**

   o Zeit ist eine der wertvollsten Ressourcen. Lerne, bewusst Prioritäten zu setzen und

Aktivitäten zu wählen, die dir Energie
geben, anstatt sie zu rauben.

3. **Kreativität und Wachstum:**

   o Fülle zeigt sich auch in deinem persönlichen Wachstum und in deiner Fähigkeit,
   neue Ideen und Projekte zu entwickeln.

Die Energie der Fülle bewusst lenken

- Visualisiere regelmäßig, wie jeder Bereich deines
  Lebens von Fülle durchflutet wird.

- Arbeite daran, alte Blockaden und limitierende
  Glaubenssätze loszulassen, die dich davon ab-
  halten, Fülle in anderen Bereichen zu empfangen.

5.4. Dein Umfeld als Verstärker deines Wohlstands

Dein Umfeld hat einen erheblichen Einfluss darauf, wie du
Fülle wahrnimmst und erlebst. Es kann dich entweder stär-
ken und inspirieren oder bremsen und negativ beeinflus-
sen. Wenn du ein Umfeld schaffst, das deine Ziele und
Werte unterstützt, wird es dir leichter fallen, Fülle in allen
Bereichen zu genießen.

Wie dein Umfeld deinen Wohlstand beeinflusst

1. **Menschen:**

   o Umgib dich mit Menschen, die positiv, unterstützend und inspirierend sind. Vermeide negative Einflüsse, die deinen Fokus auf Mangel lenken.

2. **Räume:**

   o Dein physisches Umfeld spiegelt oft deinen inneren Zustand wider. Ein geordneter, inspirierender Raum kann dir helfen, klarer zu denken und dich auf Fülle auszurichten.

3. **Informationen:**

   o Achte darauf, welche Informationen du konsumierst. Positive Inhalte wie Bücher, Podcasts oder Kurse können dein Mindset stärken.

Wie du ein förderliches Umfeld schaffst

1. **Netzwerke aufbauen:**

   o Suche gezielt nach Menschen und Gruppen, die ähnliche Ziele und Werte haben.

2. **Räume gestalten:**

   o Schaffe einen Arbeitsplatz oder einen Rückzugsort, der dich inspiriert und motiviert.

3. **Positiven Input wählen:**

   o Lies Bücher über Erfolg und Fülle, höre motivierende Podcasts oder besuche Seminare, die dich weiterbringen.

Zusammenfassung

Fülle in allen Lebensbereichen zu schaffen bedeutet, Geld als Werkzeug zu sehen, gesunde Beziehungen zu pflegen, auf deine Gesundheit zu achten und ein förderliches Umfeld zu gestalten. Wenn du diese Prinzipien in deinem Alltag integrierst, wirst du feststellen, dass Fülle überall um dich herum existiert – du musst sie nur bewusst anziehen und genießen.

Dein Leben ist bereits voller Möglichkeiten. Mit den richtigen Gedanken, Gewohnheiten und einem unterstützenden Umfeld kannst du ein Leben voller Fülle, Glück und Wohlstand führen. Jetzt ist der Moment, um diese Prinzipien zu leben und dein volles Potenzial auszuschöpfen!

Kapitel 6: Der Reichtum deiner Seele

6.1. Warum innerer Reichtum der wahre Schlüssel ist

Reichtum wird oft nur mit materiellen Dingen wie Geld, Besitz oder Erfolg gleichgesetzt. Doch der wahre Reichtum liegt in deinem Inneren – in deiner Seele, deinem Geist und deinem Herzen. Innerer Reichtum ist die Quelle, aus der alle äußeren Formen der Fülle entspringen. Ohne innere Erfüllung bleibt äußerer Wohlstand leer und bedeutungslos.

Was ist innerer Reichtum?

Innerer Reichtum ist das Gefühl, im Einklang mit dir selbst und dem Leben zu sein. Es bedeutet, dich selbst zu lieben, deine Talente zu erkennen und sie mit der Welt zu teilen. Dieser innere Schatz zeigt sich in deiner Fähigkeit, Glück, Frieden und Erfüllung unabhängig von äußeren Umständen zu finden.

Merkmale inneren Reichtums:

- Ein tiefes Gefühl der Dankbarkeit und Zufriedenheit.

- Die Fähigkeit, Herausforderungen als Wachstums-chancen zu sehen.

- Das Vertrauen, dass das Leben immer zu deinem Besten wirkt.

Warum innerer Reichtum der wahre Schlüssel ist

Äußerer Reichtum kann vergänglich sein, aber innerer Reichtum bleibt. Er gibt dir die Kraft, in schwierigen Zeiten standhaft zu bleiben und in guten Zeiten mit Dankbarkeit zu genießen. Dein innerer Reichtum bestimmt, wie du den äußeren Wohlstand wahrnimmst und nutzt.

Beispiel:

Ein Mensch mit innerem Reichtum wird Geld als Werkzeug sehen, um Gutes zu tun und seine Träume zu verwirk-lichen. Ein Mensch ohne inneren Reichtum könnte sich trotz Millionen auf dem Konto leer und unglücklich fühlen.

Übung: Deinen inneren Reichtum erkennen

1. Schließe die Augen und denke an einen Moment, in dem du dich wirklich erfüllt gefühlt hast.

2. Fokussiere dich auf das Gefühl dieses Moments. War es Freude, Dankbarkeit, Liebe?

3. Erkenne, dass dieses Gefühl in dir entsteht und nicht von äußeren Umständen abhängig ist.

6.2. Deine Werte und Wünsche – der Kompass für ein erfülltes Leben

Deine Werte und Wünsche sind der innere Kompass, der dich zu einem erfüllten Leben führt. Sie spiegeln wider, wer du bist und was dir wirklich wichtig ist. Wenn du im Einklang mit deinen Werten und Wünschen lebst, entsteht ein Gefühl von Zufriedenheit und Fülle.

Was sind Werte und warum sind sie wichtig?

Werte sind die Grundprinzipien, nach denen du dein Leben ausrichtest. Sie können Dinge wie Ehrlichkeit, Freiheit, Familie, Kreativität oder Wachstum umfassen. Werte helfen dir, Entscheidungen zu treffen und Prioritäten zu setzen.

Beispiel:

Wenn Freiheit ein wichtiger Wert für dich ist, wirst du dich von Umständen, die dich einschränken, weniger angezogen fühlen. Stattdessen wirst du Möglichkeiten suchen, die dir mehr Unabhängigkeit geben.

Wie deine Wünsche deine Werte ergänzen

Wünsche sind Ausdruck dessen, wie du deine Werte im Leben erleben möchtest. Wenn Wachstum ein zentraler Wert für dich ist, könnten deine Wünsche darin bestehen, neue Fähigkeiten zu lernen, Reisen zu unternehmen oder beruflich voranzukommen.

Reflexion:

- Frage dich: *Welche Wünsche spiegeln meine wichtigsten Werte wider?*

Übung: Deinen inneren Kompass entdecken

1. Schreibe drei Werte auf, die dir besonders wichtig sind.

2. Ergänze für jeden Wert mindestens zwei Wünsche, die ihn unterstützen.

3. Überlege, wie du diese Wünsche in die Realität umsetzen kannst.

6.3. Selbstliebe und Selbstwert: Deine Basis für Fülle

Selbstliebe und Selbstwert sind die Grundlage für ein Leben in Fülle. Wenn du dich selbst schätzt und respektierst, ziehst du automatisch mehr Wohlstand, Glück und Liebe in dein Leben. Ohne Selbstliebe wirst du dich immer nach äußeren Bestätigungen sehnen, um dich wertvoll zu fühlen – ein Kreislauf, der inneren Reichtum blockiert.

Warum Selbstliebe entscheidend ist

Selbstliebe bedeutet, dich selbst so anzunehmen, wie du bist – mit all deinen Stärken und Schwächen. Sie ist der Schlüssel, um dein volles Potenzial zu entfalten und das Leben zu genießen, das du verdienst.

Anzeichen fehlender Selbstliebe:

- Du zweifelst häufig an dir selbst.
- Du stellst die Bedürfnisse anderer immer über deine eigenen.
- Du fühlst dich nicht gut genug, um Erfolg oder Liebe zu verdienen.

Wie du deinen Selbstwert stärkst

Dein Selbstwert bestimmt, wie viel du dir selbst erlaubst zu empfangen – sei es Geld, Liebe oder Anerkennung. Ein niedriger Selbstwert kann dazu führen, dass du dich mit weniger zufriedengibst, als du verdienst.

Schritte zur Stärkung deines Selbstwerts:

1. **Sprich positiv mit dir selbst:** Ersetze negative Gedanken durch Affirmationen wie: *„Ich bin wertvoll und verdient, Fülle zu empfangen."*

2. **Setze Grenzen:** Lerne, „Nein" zu sagen, wenn etwas nicht mit deinen Werten übereinstimmt.

3. **Feiere deine Erfolge:** Erkenne, was du bereits erreicht hast, und sei stolz darauf.

Übung: Selbstliebe praktizieren

1. Schreibe drei Dinge auf, die du an dir selbst schätzt.

2. Ergänze, wie diese Eigenschaften dir helfen, Fülle in dein Leben zu ziehen.

3. Lies diese Liste jeden Morgen laut vor, um deinen Tag positiv zu beginnen.

6.4. Spiritualität und Geldfluss – wie du beide harmonisch verbindest

Spiritualität und Geldfluss werden oft als Gegensätze betrachtet. Doch in Wahrheit können sie sich ergänzen. Geld ist eine Form von Energie, und Spiritualität lehrt uns, mit

dieser Energie bewusst und verantwortungsvoll umzugehen. Wenn du beide Aspekte in Einklang bringst, entsteht eine harmonische Beziehung zu Geld und Wohlstand.

Warum Spiritualität und Geld vereinbar sind

Spiritualität bedeutet, ein Leben im Einklang mit deinen inneren Werten zu führen und bewusst mit deiner Energie
umzugehen. Geld ist eine neutrale Energie, die weder gut
noch schlecht ist. Es hängt davon ab, wie du es nutzt.

Beispiel:
Du kannst Geld verwenden, um materielle Bedürfnisse zu
befriedigen, oder es einsetzen, um Gutes zu tun, z. B. durch
Spenden oder Investitionen in Projekte, die deinen Werten
entsprechen.

Wie du Spiritualität in deinen Geldfluss integrierst

1. **Setze bewusste Absichten:**

   o   Bevor du Geld ausgibst oder investierst,
       frage dich: *„Entspricht diese Handlung
       meinen Werten und Zielen?"*

2. **Sei dankbar:**

   ○ Betrachte Geld als Segen und sei dankbar für das, was du hast.

3. **Vertraue auf den Fluss:**

   ○ Glaube daran, dass das Universum dich unterstützt und alles, was du gibst, auf natürliche Weise zu dir zurückkehrt.

Rituale für spirituellen Geldfluss

1. **Meditation über Fülle:**

   ○ Setze dich in Ruhe hin, schließe die Augen und stelle dir vor, wie Geld als goldene Energie in dein Leben fließt.

2. **Dankbarkeitsritual:**

   ○ Nimm dir jeden Abend Zeit, um dich für die finanziellen und spirituellen Geschenke des Tages zu bedanken.

3. **Spenden mit Herz:**

   ○ Gib regelmäßig einen Teil deines Geldes für einen guten Zweck aus, der dir am Herzen liegt.

Zusammenfassung

In diesem Kapitel hast du gelernt, dass der wahre Reichtum in deiner Seele liegt. Innerer Reichtum ist der Schlüssel zu einem erfüllten Leben, und deine Werte und Wünsche sind dein Kompass auf diesem Weg. Selbstliebe und Selbstwert bilden die Grundlage, um Fülle zu empfangen, während die Verbindung von Spiritualität und Geldfluss dir hilft, mit Wohlstand bewusst und harmonisch umzugehen.

Nutze diese Erkenntnisse, um eine tiefe Verbindung zu diesem inneren Reichtum herzustellen und ein Leben voller Fülle, Frieden und Freude zu erschaffen. Du trägst den Schlüssel bereits in dir – öffne die Tür und lade die Fülle des Lebens ein!

Kapitel 7: Dein persönlicher Geldfluss-Plan

Ein klarer Plan ist der Schlüssel, um deinen Geldfluss bewusst zu gestalten und nachhaltig Wohlstand in dein Leben zu ziehen. Dieses Kapitel gibt dir eine praktische Anleitung, wie du deine Finanzen organisierst, Ziele setzt, nachhaltige Gewohnheiten etablierst und deinen Weg zu finanzieller Freiheit ebnest.

7.1. Deinen Geldfluss bewusst gestalten – Schritt für Schritt

Dein Geldfluss ist ein Spiegel deiner inneren Haltung und deines äußeren Handelns. Ein bewusster Umgang mit Geld erfordert Klarheit über deine Einnahmen, Ausgaben, Ziele und Prioritäten. Um deinen Geldfluss zu gestalten, ist es wichtig, die Kontrolle zu übernehmen und bewusst Entscheidungen zu treffen.

Schritt 1: Deine aktuelle finanzielle Situation analysieren

Bevor du deinen Geldfluss aktiv gestalten kannst, musst du wissen, wo du stehst. Analysiere deine Finanzen und stelle eine klare Übersicht her.

Übung: Finanzielle Bestandsaufnahme

1. Schreibe alle Einkommensquellen auf (z. B. Gehalt, Nebenverdienste, passives Einkommen).

2. Notiere deine monatlichen Fixkosten (z. B. Miete, Versicherungen, Abos).

3. Liste variable Ausgaben auf (z. B. Einkäufe, Freizeit, Essen gehen).

4. Berechne, wie viel Geld dir am Ende des Monats übrigbleibt oder fehlt.

Fragen zur Reflexion:

- Wo könntest du Einsparungen vornehmen?
- Gibt es ungenutzte Einkommensmöglichkeiten?

Schritt 2: Deinen Geldfluss optimieren

Ein gesunder Geldfluss entsteht, wenn du Einnahmen und Ausgaben in Balance hältst und Überschüsse sinnvoll nutzt.

Strategien zur Optimierung:

1. **Budgetierung:**
   o Lege ein monatliches Budget fest und halte dich daran.

2. **Automatisiertes Sparen:**
   o Richte einen Dauerauftrag ein, um jeden Monat einen festen Betrag zu sparen.

3. **Schulden abbauen:**
   o Zahle Schulden gezielt ab, beginnend mit denjenigen mit den höchsten Zinsen.

Schritt 3: Deinen Geldfluss visualisieren

Visualisierung ist ein kraftvolles Werkzeug, um deinen Geldfluss zu stärken. Stelle dir vor, wie Geld in dein Leben fließt, wächst und zirkuliert.

Visualisierungsübung:

- Setze dich an einen ruhigen Ort und stelle dir deinen idealen Geldfluss vor.

- Spüre die Freude und Leichtigkeit, die damit verbunden ist, und lass diese Energie in dir wachsen.

7.2. Ziele setzen und erreichen: Finanzielle Meilensteine

Finanzielle Ziele geben deinem Geldfluss eine Richtung. Sie helfen dir, deine Prioritäten zu klären und dich auf das zu konzentrieren, was wirklich wichtig ist.

Warum finanzielle Ziele wichtig sind

Ohne klare Ziele treibst du planlos durch deine Finanzen. Ziele schaffen Fokus und Motivation. Sie zeigen dir, was du erreichen möchtest, und helfen dir, einen klaren Plan zu erstellen.

Wie du finanzielle Ziele setzt

1. **Definiere SMART-Ziele:**

   o **Spezifisch:** Formuliere dein Ziel klar und präzise.

   o **Messbar:** Bestimme, wie du den Fortschritt messen kannst.

   o **Attraktiv:** Stelle sicher, dass dein Ziel mit deinen Werten übereinstimmt.

   o **Realistisch:** Setze ein Ziel, das erreichbar ist.

- o **Terminiert:** Lege einen Zeitrahmen fest.

Beispiel:

- Statt: *„Ich will Geld sparen."*
- Besser: *„Ich spare in den nächsten 12 Monaten 5.000 €, indem ich monatlich 416 € zurücklege."*

2. **Teile große Ziele in kleine Meilensteine:**
   - o Ein großes Ziel kann überwältigend sein. Unterteile es in kleinere, erreichbare Schritte.

Übung: Deine finanziellen Ziele festlegen

1. Schreibe drei finanzielle Ziele auf, die du in den nächsten 1, 5 und 10 Jahren erreichen möchtest.

2. Ergänze jeden Punkt mit einem klaren Zeitrahmen und einem Plan, wie du das Ziel erreichst.

7.3. Praktische Tools und Übungen für nachhaltigen Wohlstand

Der Weg zu nachhaltigem Wohlstand erfordert praktische Werkzeuge, die dir helfen, deine Finanzen zu organisieren, deine Fortschritte zu verfolgen und deine Ziele zu erreichen.

Praktische Tools für deinen Geldfluss

1. **Budgetierungs-Apps:**

   o Nutze Apps wie YNAB (You Need A Budget) oder Mint, um deine Ausgaben und Einnahmen im Blick zu behalten.

2. **Spar- und Investitionstools:**

   o Automatisiere Sparpläne über dein Bankkonto.

   o Investiere in ETFs oder Fonds über Plattformen wie Trade Republic oder Vanguard.

3. **Finanzielle Checklisten:**

   o Erstelle eine monatliche Checkliste, um sicherzustellen, dass du deine Ziele einhältst.

Übungen für einen nachhaltigen Geldfluss

1. **Das 50/30/20-Budget:**

   o Teile dein Einkommen auf in:

- 50 % für notwendige Ausgaben

- 30 % für Wünsche

- 20 % für Sparen und Investitionen

2. **Die „Keine Ausgaben"-Challenge:**

   o Wähle eine Woche im Monat, in der du nur für absolute Notwendigkeiten Geld ausgibst.

3. **Dankbarkeitsübung:**

   o Schreibe jeden Tag auf, wie Geld dir an diesem Tag geholfen hat, z. B.: *„Ich bin dankbar, dass ich genug Geld hatte, um gesundes Essen zu kaufen."*

7.4. Erfolgsgewohnheiten, die deinen Geldfluss stärken

Nachhaltiger Wohlstand entsteht durch tägliche Gewohnheiten. Indem du positive Routinen entwickelst, stärkst du deinen Geldfluss und baust langfristig finanzielle Sicherheit auf.

Warum Gewohnheiten entscheidend sind

Gewohnheiten bestimmen den Großteil unserer täglichen Entscheidungen – auch im Umgang mit Geld. Erfolgreiche Menschen haben Routinen, die sie konsequent anwenden, um ihre Ziele zu erreichen.

Erfolgsgewohnheiten für deinen Geldfluss

1. **Tägliche Reflexion:**

   o Überprüfe am Ende des Tages, ob deine Ausgaben mit deinen Zielen übereinstimmen.

2. **Kontinuierliches Lernen:**

   o Lies Bücher oder höre Podcasts über Finanzen und persönliches Wachstum, z. B. *„Rich Dad Poor Dad"* oder *„Der reichste Mann von Babylon"*.

3. **Netzwerke aufbauen:**

   o Tausche dich mit Gleichgesinnten aus, die ähnliche Ziele verfolgen, und lerne von ihren Erfahrungen.

4. **Regelmäßige finanzielle Planung:**
   o Setze dich einmal im Monat hin, um deinen Fortschritt zu überprüfen und Anpassungen vorzunehmen.

Übung: Erfolgsgewohnheiten etablieren

1. Wähle eine Gewohnheit, die du in den nächsten 30 Tagen etablieren möchtest, z. B.:
   o *„Ich werde jeden Abend 5 Minuten meine Ausgaben überprüfen."*
2. Verfolge deinen Fortschritt und belohne dich am Ende des Monats, wenn du die Gewohnheit erfolgreich integriert hast.

Zusammenfassung

Dein persönlicher Geldfluss-Plan ist dein Wegweiser zu finanziellem Wohlstand und Freiheit. Indem du deine Finanzen bewusst analysierst, klare Ziele setzt, praktische Tools einsetzt und Erfolgsgewohnheiten entwickelst, schaffst du eine stabile Grundlage für einen nachhaltigen Geldfluss.

Jetzt liegt es an dir, diese Prinzipien in die Praxis umzusetzen. Erstelle deinen individuellen Plan, halte dich an deine Ziele und genieße die Fülle, die du Schritt für Schritt in dein Leben ziehst!

Kapitel 8: Glück und Reichtum dauerhaft verankern

Nachhaltiger Wohlstand und ein Gefühl von Erfüllung entstehen nicht durch einmalige Entscheidungen, sondern durch dauerhafte Gewohnheiten, Resilienz und die Bereitschaft, auch in schwierigen Zeiten am eigenen Weg festzuhalten. In diesem Kapitel lernst du, wie du deinen Geldfluss langfristig stabil hältst, Rückschläge bewältigst, Glück in deinen Alltag integrierst und andere inspirierst, ebenfalls in die Fülle zu kommen.

8.1. Wie du deinen Geldfluss langfristig stabil hältst

Einen stabilen Geldfluss aufzubauen, ist das Ergebnis von Klarheit, Disziplin und kontinuierlicher Reflexion. Wenn du die Prinzipien, die du bisher gelernt hast, langfristig anwendest, kannst du finanzielle Stabilität und Fülle aufrechterhalten.

Die Grundlagen eines stabilen Geldflusses

1. **Bewusste Planung:**

   o Überprüfe regelmäßig deine Finanzen und passe deinen Plan an neue Lebensumstände an.

   o Führe eine monatliche Finanzübersicht, in der du Einnahmen, Ausgaben und Sparziele dokumentierst.

2. **Konsistentes Sparen und Investieren:**

   o Automatisiere deine Sparpläne, sodass ein Teil deines Einkommens direkt in Rücklagen oder Investitionen fließt.

   o Diversifiziere deine Einnahmenquellen, um finanzielle Sicherheit zu gewährleisten.

3. **Flexibilität und Anpassung:**

   o Ein stabiler Geldfluss bedeutet nicht, dass du starr an deinem ursprünglichen Plan festhältst. Sei bereit, dich neuen Möglichkeiten oder Herausforderungen anzupassen.

Langfristige Strategien zur Stabilisierung des Geldflusses

1. **Investiere in dich selbst:**

   o Weiterbildung und persönliche Entwicklung sind der Schlüssel, um deinen Wert auf dem Arbeitsmarkt und im Leben zu steigern.

2. **Setze Prioritäten:**

   o Unterscheide zwischen „Must-Haves" und „Nice-to-Haves", um dein Geld gezielt einzusetzen.

3. **Bleibe geduldig:**

   o Wohlstand wächst nicht über Nacht. Langfristiges Denken und geduldiges Handeln sind essenziell, um deinen Geldfluss zu stabilisieren.

Übung:

- Schreibe eine Liste mit drei Maßnahmen, die du ergreifen kannst, um deinen Geldfluss langfristig zu sichern. Ergänze für jede Maßnahme einen konkreten ersten Schritt.

8.2. Umgang mit Herausforderungen und finanziellen Rückschlägen

Rückschläge sind ein unvermeidlicher Teil des Lebens – auch in finanziellen Angelegenheiten. Der Umgang mit diesen Herausforderungen entscheidet darüber, ob du gestärkt daraus hervorgehst oder dich entmutigen lässt.

Warum Rückschläge wertvolle Lektionen sind

Rückschläge sind Chancen, aus deinen Fehlern zu lernen und deine Strategien zu verbessern. Sie zeigen dir, welche Bereiche deines Geldflusses noch optimiert werden können und fördern deine Resilienz.

Strategien für den Umgang mit Rückschlägen

1. **Analysiere die Ursache:**

   o Frage dich: *„Was hat zu diesem Rückschlag geführt, und wie kann ich es in Zukunft vermeiden?"*

2. **Behalte die Perspektive:**

   o Erinnere dich daran, dass ein Rückschlag nicht das Ende ist. Erfolg entsteht durch kontinuierliches Lernen und Wachsen.

3. **Finde kreative Lösungen:**

    o Denke über neue Wege nach, um Einnahmen zu generieren oder Ausgaben zu reduzieren.

Beispiel:
Wenn du einen plötzlichen Einkommensverlust erlebst, könntest du einen Nebenjob aufnehmen, deine Ausgaben straffen oder ein ungenutztes Talent monetarisieren.

Mentale Stärke in schwierigen Zeiten entwickeln

1. **Positives Denken kultivieren:**

    o Wiederhole Affirmationen wie: *„Jeder Rückschlag bringt mich näher an meinen Erfolg."*

2. **Suche Unterstützung:**

    o Sprich mit Freunden, Mentoren oder Finanzexperten, um neue Perspektiven zu erhalten.

8.3. Glück als täglichen Begleiter integrieren

Glück ist die Grundlage für ein erfülltes Leben und wirkt wie ein Magnet für weitere Fülle. Wenn du Glück bewusst in deinen Alltag integrierst, schaffst du eine positive Grundhaltung, die sich auf alle Lebensbereiche auswirkt.

Was ist Glück wirklich?

Glück entsteht nicht durch äußere Umstände, sondern durch deine innere Einstellung. Es ist die Fähigkeit, den Moment zu genießen und das Beste aus jeder Situation zu machen.

Wie du Glück in deinen Alltag bringst

1. **Praktiziere Dankbarkeit:**

   o Schreibe jeden Tag drei Dinge auf, die dich glücklich machen.

2. **Schaffe Glücksmomente:**

   o Plane bewusst Aktivitäten, die dir Freude bereiten, z. B. einen Spaziergang in der Natur oder Zeit mit lieben Menschen.

3. **Lebe im Hier und Jetzt:**

   o Vermeide es, dich zu sehr mit der Vergangenheit oder der Zukunft zu beschäftigen. Konzentriere dich auf den gegenwärtigen Moment.

Übung: Glück bewusst erleben

1. Nimm dir jeden Tag fünf Minuten Zeit, um dich auf etwas zu konzentrieren, das dich glücklich macht.

2. Schließe die Augen und stelle dir vor, wie dieses Gefühl dein ganzes Wesen erfüllt.

8.4. Wie du andere inspirierst, ihren Geldfluss zu aktivieren

Einer der erfüllendsten Aspekte eines Lebens in Fülle ist, dass du andere inspirieren kannst, ebenfalls ihre finanzielle Freiheit und ihr Glück zu finden. Indem du dein Wissen teilst und als Vorbild vorangehst, verstärkst du nicht nur deinen eigenen Geldfluss, sondern trägst auch zur Fülle der Gemeinschaft bei.

Warum es wichtig ist, anderen zu helfen

Das Teilen von Wissen und Ressourcen schafft eine positive Energie, die sich vervielfacht. Es fördert Gemeinschaft, stärkt Beziehungen und gibt dir das Gefühl, einen positiven Unterschied zu machen.

Wie du andere inspirierst

1. **Teile deine Geschichte:**
   - o Erzähle anderen, wie du deinen Geldfluss aktiviert hast, und teile die Strategien, die dir geholfen haben.

2. **Biete Unterstützung an:**
   - o Sei offen dafür, Fragen zu beantworten oder Ratschläge zu geben, wenn jemand dich um Hilfe bittet.

3. **Leite durch dein Handeln:**
   - o Sei ein Vorbild, indem du deine Prinzipien konsequent lebst und Erfolg mit Bescheidenheit und Dankbarkeit teilst.

Praktische Wege, um andere zu unterstützen

1. **Workshops oder Gespräche organisieren:**
   - o Teile dein Wissen in kleinen Gruppen oder Online-Seminaren.

2. **Gemeinsame Ziele setzen:**
   - o Unterstütze Freunde oder Familie dabei, finanzielle Ziele zu setzen und zu erreichen.

3. **Geben, ohne etwas zu erwarten:**
   - o Investiere in die Träume anderer, sei es durch finanzielle Unterstützung oder motivierende Worte.

Zusammenfassung

Glück und Reichtum dauerhaft zu verankern, erfordert Klarheit, Resilienz und den Willen, kontinuierlich an dir selbst zu arbeiten. Indem du deinen Geldfluss stabil hältst, Herausforderungen meisterst, Glück bewusst erlebst und andere inspirierst, erschaffst du ein Leben voller Fülle und Freude.

Der Schlüssel liegt in deinem täglichen Handeln und deiner inneren Haltung. Starte heute damit, diese Prinzipien umzusetzen, und du wirst erleben, wie Glück und Reichtum nicht nur in dein Leben, sondern auch in das Leben anderer fließen.

Abschluss

Dein neues Leben voller Reichtum, Fülle und Glück

Mit diesem Buch hast du eine Reise begonnen, die weit über finanzielle Freiheit hinausgeht. Du hast Werkzeuge und Erkenntnisse gewonnen, um nicht nur deinen Geldfluss zu aktivieren, sondern auch ein Leben in Reichtum, Fülle und Glück zu erschaffen. Doch was bedeutet das konkret für dich? Es bedeutet, dass du jetzt die Kraft und Klarheit besitzt, dein Leben bewusst zu gestalten – in jeder Hinsicht.

Der Wandel beginnt in dir

Dein neues Leben beginnt nicht mit einer plötzlichen äußeren Veränderung, sondern mit einer inneren Transformation. Indem du deine Glaubenssätze über Geld und Erfolg hinterfragt, deine Werte klar definiert und deine Ziele visualisiert hast, hast du den ersten Schritt gemacht, um die Kontrolle über dein Leben zu übernehmen.

Du hast gelernt:

- Wie du deinen Geldfluss aktivierst und aufrechterhältst.

- Dass Glück und Wohlstand keine äußeren Ziele, sondern innere Zustände sind.

- Wie du mit Leichtigkeit und Freude die Fülle des Lebens anziehst.

Jetzt liegt es an dir, diese Prinzipien konsequent in deinem Alltag anzuwenden.

Wie dein Leben sich verändert

Ein Leben voller Reichtum, Fülle und Glück bedeutet nicht, dass es keine Herausforderungen mehr gibt. Es bedeutet, dass du in der Lage bist, diesen Herausforderungen mit einer positiven und lösungsorientierten Haltung zu begegnen.

In deinem neuen Leben:

- Wirst du finanziell unabhängig, weil du bewusst mit deinen Ressourcen umgehst.

- Erlebst du mehr Freude und Zufriedenheit, weil du dich auf das konzentrierst, was wirklich zählt.

- Wirst du zum Magneten für Fülle, weil du gelernt hast, Vertrauen und Dankbarkeit in dein Leben zu integrieren.

Der nächste Schritt: Dein persönliches Commitment

Dein neues Leben erfordert Engagement. Es bedeutet, dass du dich weiterhin täglich auf Fülle und Wachstum ausrichtest. Schreibe dir auf, wie du die Prinzipien aus diesem Buch in den nächsten 30 Tagen umsetzen wirst, und überprüfe regelmäßig deine Fortschritte.

Übung:

1. Setze dir ein Ziel, das du in den nächsten 30 Tagen erreichen möchtest.

2. Erstelle einen Plan mit kleinen Schritten, die dich zu diesem Ziel führen.

3. Feiere jeden Fortschritt, egal wie klein er ist.

Die nächste Stufe: Wachstum und Wohlstand teilen

Ein Leben in Fülle wird noch reicher, wenn du deinen Wohlstand mit anderen teilst. Das Teilen von Wissen, Ressourcen und Energie schafft eine positive Dynamik, die nicht nur dein Leben, sondern auch das Leben anderer be-REICHert.

Warum Teilen wichtig ist

Wenn du gibst, öffnest du dich selbst für noch mehr Fülle. Das Gesetz der Resonanz besagt, dass die Energie, die du aussendest, zu dir zurückkommt. Indem du deinen Wohlstand teilst, verstärkst du deinen eigenen Geldfluss und trägst gleichzeitig dazu bei, die Welt zu einem besseren Ort zu machen.

Beispiel:

- Eine kleine Spende an eine wohltätige Organisation oder ein unterstützendes Wort an jemanden, der es gerade braucht, kann einen großen Unterschied machen – für dich und den Empfänger.

Wie du deinen Wohlstand teilen kannst

1. **Teile dein Wissen:**

   o Erzähle anderen von deinen Erfahrungen und Erkenntnissen, die dir geholfen haben, Fülle zu erschaffen.

2. **Gib Zeit und Energie:**

    o   Unterstütze andere durch Mentoring, frei-
        williges Engagement oder einfach durch
        ein offenes Ohr.

3. **Spende bewusst:**

    o   Investiere in Projekte oder Organisationen,
        die mit deinen Werten übereinstimmen.

4. **Inspiriere andere:**

    o   Sei ein Vorbild, indem du die Prinzipien der
        Fülle und des Wohlstands in deinem eige-
        nen Leben lebst.

Die Kraft des gemeinsamen Wachstums

Wenn du deinen Wohlstand teilst, stärkst du nicht nur dein
eigenes Leben, sondern auch die Gemeinschaft um dich
herum. Du wirst Teil eines Kreislaufs, der immer mehr Fülle
erzeugt – für dich und für andere.

Übung:

- Überlege, wie du heute jemandem helfen kannst,
  seinen eigenen Geldfluss zu aktivieren. Schreibe
  eine kleine Handlung auf, die du sofort umsetzen
  kannst.

Danksagung: Gemeinsam auf dem Weg zur Fülle

Zum Abschluss möchte ich dir danken – nicht nur dafür, dass du dieses Buch gelesen hast, sondern auch dafür, dass du bereit bist, dein Leben zu transformieren. Dein Mut, neue Wege zu gehen, und deine Bereitschaft, an dir selbst zu arbeiten, sind inspirierend.

Danke, dass du dich auf diese Reise eingelassen hast

Die Entscheidung, an deinem Geldfluss zu arbeiten, ist mehr als eine finanzielle Entscheidung. Sie zeigt, dass du bereit bist, Verantwortung für dein Leben zu übernehmen und dein volles Potenzial auszuschöpfen. Du bist jetzt Teil einer Gemeinschaft von Menschen, die erkannt haben, dass Fülle und Wohlstand in ihnen selbst beginnen.

Gemeinsam auf dem Weg zur Fülle

Du bist nicht allein auf diesem Weg. Millionen von Menschen weltweit streben nach einem Leben in Fülle, und jeder einzelne Schritt, den du machst, inspiriert andere. Gemeinsam können wir eine Welt schaffen, in der Wohlstand, Freude und Dankbarkeit die Norm sind.

Ein letzter Gedanke:

Du hast alles, was du brauchst, um ein Leben voller Reichtum, Fülle und Glück zu erschaffen. Die Werkzeuge liegen jetzt in deinen Händen – benutze sie weise und mit Herz.

Danke, dass du diese Reise angetreten bist. Möge dein Weg voller Licht, Liebe und Fülle sein.

Bonusmaterial

Dieses Bonusmaterial dient als praktisches Toolkit, um das Gelernte aus diesem Buch nachhaltig in deinem Alltag zu verankern. Es enthält gezielte Übungen und Affirmationen, m deinen täglichen Geldfluss zu stärken, Checklisten, um Blockaden zu lösen und Reichtum anzuziehen, sowie Buchempfehlungen, die dir wertvolle Impulse und Inspiration für ein erfülltes Leben voller Wohlstand und Glück bieten.

Übungen und Affirmationen für deinen täglichen Geldfluss

Tägliche Übungen und Affirmationen helfen dir, deine Gedanken und Gefühle auf Wohlstand und Fülle auszurichten. Diese Routine wird dir ermöglichen, deinen Geldfluss zu stabilisieren und weiter auszubauen.

Übungen für deinen Geldfluss

1. Dankbarkeit für Geld kultivieren
Dankbarkeit ist der erste Schritt, um Fülle anzuziehen. Sie lenkt deinen Fokus auf das, was du bereits hast, und öffnet dich für mehr.

- **Morgens:** Schreibe drei finanzielle Dinge auf, für die du dankbar bist, z. B. *„Ich bin dankbar, dass ich heute alle meine Rechnungen begleichen kann. "*

- **Abends:** Bedanke dich für jede finanzielle Möglichkeit, die dir am Tag begegnet ist, z. B. *„Ich bin dankbar für den Rabatt, den ich heute erhalten habe. "*

2. Visualisiere deinen idealen Geldfluss

Visualisierung ist eine kraftvolle Methode, um deinen Geist auf Wohlstand auszurichten. Nimm dir jeden Tag fünf Minuten Zeit:

- Schließe die Augen und stelle dir vor, wie Geld als goldene Energie in dein Leben fließt.

- Spüre, wie diese Energie dich mit Freude und Sicherheit erfüllt.

- Sieh dich selbst in einem Zustand finanzieller Fülle, in dem all deine Wünsche erfüllt sind.

3. Die „Geld-Kreislauf"-Übung

Diese Übung hilft dir, die Energie des Geldes bewusst zirkulieren zu lassen:

- Wenn du Geld ausgibst, sag innerlich: *„Dieses Geld kehrt in vielfacher Form zu mir zurück."*
- Stell dir vor, wie dein ausgegebenes Geld anderen hilft und dann wieder zu dir zurückfließt.

Affirmationen für deinen Geldfluss

Affirmationen helfen dir, negative Glaubenssätze zu transformieren und dein Unterbewusstsein auf Wohlstand zu programmieren. Wiederhole sie täglich:

- *„Ich bin bereit, Fülle und Wohlstand in meinem Leben zu empfangen."*
- *„Mein Geldfluss ist stetig, stabil und wachsend."*
- *„Geld fließt leicht und mühelos zu mir."*
- *„Ich nutze Geld mit Freude und Weisheit."*
- *„Ich bin ein Magnet für finanziellen Erfolg."*

Checklisten: Blockaden lösen, Reichtum anziehen

Die folgenden Checklisten helfen dir, Hindernisse auf deinem Weg zu finanziellem Wohlstand zu erkennen und zu beseitigen. Sie bieten dir auch eine klare Struktur, um deine Gedanken und Handlungen auf Reichtum auszurichten.

Checkliste: Blockaden lösen

1. **Erkenne deine finanziellen Blockaden:**

   o Glaubst du, dass Geld schwer zu verdienen ist?

   o Hast du Angst, mehr Geld zu besitzen als andere?

   o Fühlst du dich schuldig, wenn du Geld ausgibst oder sparst?

2. **Verändere deine Gedanken:**

   o Ersetze negative Gedanken durch positive Affirmationen (z. B. *„Ich verdiene Wohlstand und freue mich darüber."*).

3. **Praktiziere Loslassen:**

   o Vergib dir selbst frühere Fehler im Umgang mit Geld.

- o Vertraue darauf, dass Geld ein stetiger Fluss ist und immer wieder zu dir zurückkehrt.

4. **Schaffe Ordnung:**

   - o Überprüfe und organisiere deine Finanzen, um Klarheit zu schaffen.

5. **Handle bewusst:**

   - o Triff jede finanzielle Entscheidung im Einklang mit deinen Zielen und Werten.

Checkliste: Reichtum anziehen

1. **Fülle visualisieren:**

   - o Stelle dir vor, wie Reichtum in dein Leben strömt und sich auf allen Ebenen entfaltet.

2. **Dankbarkeit zeigen:**

   - o Sei dankbar für alles, was du bereits hast – materiell und immateriell.

3. **Gelegenheiten erkennen:**

   - o Sei offen für neue Möglichkeiten, Geld zu verdienen oder zu investieren.

4. **Großzügig sein:**

   o Teile deinen Wohlstand, sei es durch Spenden, Geschenke oder Unterstützung anderer.

5. **Bleibe positiv:**

   o Halte deinen Fokus auf Wohlstand und lasse dich nicht von Ängsten oder Zweifeln ablenken.

Der PREMIUM-Onlinekurs zum Buch

Link: https://www.akademie-fsl.de/geldfluss-aktiv/

Empfohlene Ressourcen

Bücher sind wertvolle Quellen der Inspiration und Anleitung. Hier sind vier Empfehlungen, die dir helfen können, deine finanzielle und persönliche Fülle weiter auszubauen:

„Erfolg ist d/eine Entscheidung"

Autor: Chris Hohlstamm von Dehnen

Dieses Buch zeigt dir, wie deine Entscheidungen dein Leben formen. Es bietet klare Strategien, um bewusst die richtigen Entscheidungen zu treffen, und verbindet diese mit inspirierenden Geschichten aus dem echten Leben.

Hauptthemen:

- Wie du die Kraft deiner Entscheidungen nutzt, um Erfolg zu manifestieren.

- Praktische Techniken für mehr Klarheit und Zielstrebigkeit.

- Wege, um mentale Stärke zu entwickeln und Blockaden zu überwinden.

Link: https://www.lebensfreudeverlag.de/p/neu-erfolg-ist-d-eine-entscheidung-chris-hohlstamm-von-dehnen

„Wie Sie spielend Ihr Traumleben verwirklichen, und innerlich & äußerlich reich werden!"

Autor: Chris Hohlstamm von Dehnen

Dieses Buch ist ein umfassender Leitfaden, um dein Leben nicht nur zu träumen, sondern aktiv zu gestalten. Es verbindet persönliche Entwicklung mit finanziellen Strategien und zeigt, wie du innere und äußere Reichtümer in Einklang bringst.

Hauptthemen:

- Wie du deine Gedanken bewusst auf Erfolg und Wohlstand ausrichtest.

- Methoden, um innere Blockaden zu lösen und deine Ziele zu erreichen.

- Praktische Tipps, um finanzielle und persönliche Fülle zu erschaffen.

Link: https://www.lebensfreudeverlag.de/p/neu-wie-sie-spielend-ihr-traumleben-verwirklichen-und-innerlich-und-aeusserlich-reich-werden

„Die 25 GOLDENEN GLÜCKSREGELN für ein Leben in Wohlstand, Reichtum und Harmonie!"

Autor: Chris Hohlstamm von Dehnen

Dieses Buch bietet dir 25 universelle Prinzipien, um ein Leben in Balance und Fülle zu führen. Es zeigt, wie du mit kleinen, aber wirkungsvollen Veränderungen großen Einfluss auf dein Glück und deinen Wohlstand nehmen kannst.

Hauptthemen:

- Die Grundlagen von Harmonie und Wohlstand im Alltag.

- Praktische Regeln für ein glückliches und erfülltes Leben.

- Inspiration, um persönliche und finanzielle Blockaden zu lösen.

Link: https://www.lebensfreudeverlag.de/p/die-25-goldenen-gluecksregeln-fuer-ein-leben-in-wohlstand-reichtum-und-harmonie

„Sie sind ein Glückspilz – Der Ratgeber für eine grandios glückliche Lebenszeit!"

Autor: Chris Hohlstamm von Dehnen

Dieses Buch inspiriert dich, das Glück in deinem Leben zu erkennen und aktiv zu gestalten. Es verbindet Geschichten, Übungen und praktische Tipps, um eine positive Lebenshaltung zu entwickeln.

Hauptthemen:

- Wie du Glück als ständigen Begleiter in dein Leben einlädst.

- Techniken, um Herausforderungen mit Freude und Zuversicht zu begegnen.

- Wege, um ein erfülltes und harmonisches Leben zu führen.

Link: https://www.lebensfreudeverlag.de/p/sie-sind-ein-glueckspilz-der-ratgeber-fuer-eine-grandios-glueckliche-lebenszeit

Zusammenfassung

Dieses Bonusmaterial ist dein persönlicher Begleiter auf dem Weg zu dauerhaftem Wohlstand und Glück. Mit den täglichen Übungen und Affirmationen, den praktischen Checklisten und den inspirierenden Buchempfehlungen hast du alles, was du brauchst, um deinen Geldfluss zu stärken, Blockaden zu lösen und ein Leben in Fülle zu erschaffen.

Nutze diese Werkzeuge konsequent und erlebe, wie sich dein Leben Schritt für Schritt in Richtung Reichtum, Freude und Harmonie verändert. Du hast alles, was du brauchst – jetzt ist der perfekte Moment, um es zu nutzen!

Jetzt bleibt mir (nur) noch zu sagen: Ich wünsche dir ein wunderschönes Leben, mit fantastischen und wunderschönen, glücklichen, lichten Augenblicken, und, dass sich diese lichten Augenblicke alle ganz dicht aneinanderreihen!

Alles Liebe!
HerzLICH(t)e Grüße!
Namaste

Dein

Chris Hohlstamm von Dehnen

Authentik-Life- & Business-Akademie
Akademie für sinnerfüllte Lebensgestaltung

Home: https://www.akademie-fsl.de/

Kontakt: info@akademie-fsl.de

Mein Lebensfreudeverlag

Home: https://www.lebensfreudeverlag.de/

Kontakt: info@lebensfreudeverlag.de